AF529567

स्वप्नपूर्ती

मुग्धा

BookLeaf Publishing
India | USA | UK

Copyright © मुग्धा
All Rights Reserved.

This book has been self-published with all reasonable efforts taken to make the material error-free by the author. No part of this book shall be used, reproduced in any manner whatsoever without written permission from the author, except in the case of brief quotations embodied in critical articles and reviews.
The Author of this book is solely responsible and liable for its content including but not limited to the views, representations, descriptions, statements, information, opinions, and references ["Content"]. The Content of this book shall not constitute or be construed or deemed to reflect the opinion or expression of the Publisher or Editor. Neither the Publisher nor Editor endorse or approve the Content of this book or guarantee the reliability, accuracy, or completeness of the Content published herein and do not make any representations or warranties of any kind, express or implied, including but not limited to the implied warranties of merchantability, fitness for a particular purpose.
The Publisher and Editor shall not be liable whatsoever...

Made with ❤ on the BookLeaf Publishing Platform
www.bookleafpub.in
www.bookleafpub.com

Dedication

मै यह काव्य संग्रह कुछ ख़ास लोगों को समर्पित करना चाहती हूँ ।
सबसे पहले ,
मेरे बाबा जिन्होंने मुझे सराहा, मुझपे विश्वास रखा। उन्हें मेरी लिखि बातें समझी , पसंद भी आई ।
मेरी आई जिसे कभी आज तक पुछा नहीं उसे कविता सुनना पसंद भी है या नहीं । नया कुछ लिखा के फ़ोन करके उसे सुना देतीं हु। वो सुनके अभिप्राय भी देती हैं ।
ईन दोनों के बाद वो थी जिसे लिखना भी पसंद था और मेरा लिखा भी। दिल खोल के तारीफ़ करती। रिश्ते में मेरी सास थी पर मैं उसे आत्या कहती थी।
मेरे ससुर जी जिन्होंने मेरा हमेशा हौसला बढ़ाया ।
अभय ,(मेरे पती),जिसे कभी मेरी कविताएँ शायद समझी नहीं पर उसके बिना जीवन अधूरा है तो मेरी कविताएँ कैसी पुरी होती।?
मेरा बेटा कणाद जब से छोटा था वो मेरी लिखि भावनाएँ समझता है । मेरे जीवन का अविभाज्य हिस्सा है
मेरी सहकर्मी जिनकी वजह से कविता प्रकाशित करने का हौसला मिला (डॉ कांचन, डॉ. श्वेता , रूपाली).

Preface

मन कि अनकही बातें, कुछ ख़याल ईस काव्य संग्रह के माध्यम से कह पायीं हूँ । वाचक मेरी लिखि कविताओं को पसंद करें यही ईश्वर की चरणों में प्रार्थना ।

Acknowledgements

यह मेरी पहली पुस्तक है । मैं इस यात्रा में मेरा साथ देने वाले सभी लोगों का दिल से आभार व्यक्त करना चाहतीं हूँ। मेरे परिवार और दोस्तों को उनके अटूट प्रोत्साहन के लिए, मेरे संपादक और प्रकाशक को उनके मार्गदर्शन और धैर्य के लिए, और इस काम को सार्थक बनाने वाले सभी पाठकों को धन्यवाद। आपका समर्थन मेरे लिए बहुत मायने रखता है।

1. तुम्हारी खुशबू

कब तक ?कब तक इस दर्द को सहू?
मेरा चिल्लांना ,मेरा रोना
और दर्द का बेतहाशा बढते जाना।
अब बस, अब नही,
उसका बार बार मुझे धाडस बंधाना ।
और तभी एक आवाज आई
उन्हे अंदर बुलाओ
इसे थोडा समजाओ।
दर्द का इतना बढना और
मेरी नजर का धुंदला होना
कुछ समझ ना आ रहा
ना कोई दिख रहा,
तभी कोई आया मेरे पास
बस चूडियों की वो आहाट और
उसकी आंचल की खुशबू ।
मुझे दे गई सुकून की गरमाहट
बेहोशी के दर्द में उसकी खुशबू दिलासा दे गई मुझे।
किसी ने उसका आंचल थमाया मुझे
उसी आंचल की खुशबू ने ही दर्द मे सहलाया मुझे ।
माँ बनने के दर्द में तुम्हारे आचल की खुशबू ने संभाला मुझे ।

हां मां तुम्हारे आचल की खुशबू ने सांभाला मुझे।

मुग्धा

2. घरसे दूर शहर का घर

छोटासा गाव
शितल पीपल की छाव।
बडे बडे नीम और बरगत के घेरे।
गाव मेरा छोटा था और घर हमारे बडे बडे
खूले दरवाजे स्वागत के लिए हमेशा खडे।
गाव की गलियो मे दौड़ते मेरे छोटे नंगे पांव।
छोटे थे तब सपने सारे,
छत पे हम रात को गिनते थे तारे।
अब पाव बडे हुए, सपने भी हुए बडे
अब गाव बदला, बदला है घर मकान
बडे शहर के बडे सपने है
मकान छोटे हुए पर साथ सारे अपने है।
गाव से दूर, दूर मेरे घर से
इस शहर में अपनाया मुझे बडे प्यार से।
याद तो आता है छत से वो तारे गिनना
सर्दी की रातो मे आंग पर हाथ सेंकना।
अब नही वो पुरानी बाते ,
इस शहर ने दी नई चमकली राते।
दिए नए दोस्त, कई सारे रिश्ते

छोटे छोटे घर है , पर बड़े दिल के फरिश्ते।
गाव से दूर ,घर से दूर होकर भी
खुश हु मै यादो मे खोकर भी।
इस नए शहर मे अपनाया मुझे
गाव की यादो को संजोना सिखाया मुझे।

मुग्धा

3. निला(Blue)

अगर मैं कवी हूँ,
तो निला एक रंग नहीं
निले के है रुप कई।
सागर निला,
आसमान निला,
रामलला निला
कृष्णसखा मेरा निला।
कैलासपती का कंठ निला,
सागर मंथन से आया विष निला।
स्याही का रंग निला,
कान्हा के साथ राधा का अंग निला।
निला वो है जो है गहरा,
निला वो है जो कहीं न ठहरा।
निला वो है जो है अथांग
निला वो है जो है अथाह,
निला ही है अनंत, असीमित ।
निला सिर्फ़ एक रंग नहीं,
निले का कोई एक ढंग नहीं ।
जो अनंत, जो विशाल है,
निले विष को जो पी जाए वो महाकाल है ।

निले कि महिमा क्या कहूँ?
निले कि सिमा ना नाप सकू।

असीमित, अनंत , अथांग का एक ही अर्थ है,
वो है निला ।।।।।।।।।।

३. काश!

काश! काश! होता ऐसा, - काश! काश! होता ऐसा,
काश!
अनचाही सच्चाई बदल देता कोई।
काश होता ऐसा।
हर शब्द वो झुठा होता।
हर वाकीयां होता गलत,
जो है वो नहीं होता और
जो मै चाहू वहीं होता। काश!
जो देख रहे है वो एक बुरा सपना होता,
छोड गया है वो लौट आए,ऐसा होता ।
वो मेरा अपना ,
नहीं सोच सकती उनके बगैर जिंदगी
पर जिंदगी छोडी भी नही जाती। काश!
नही लौटेंगे ,पता है ,
पर हर आहट तकलीफ दे जाती है।
काश! वो आहट उनकी हि होती,।काश!

४. कैसे?

वो कहता है जिले तू ,खूबसूरत है जिन्दगी
जी ले तू।
मै कहती हु ,पता है मुझे खूबसूरत है जिन्दगी ,
पर कैसे जी लू तेरे बगैर ।
लोगो का तो ठिक है कहना पर
कैसे मान लू तू है अब गैर।
जिन्दगी नहीं ठहरती किसी के लिये,
बहती और बढती है आगे पथ पर ,
खूबसूरत है जिन्दगी मेरे लिये भी ,ये कैसे मानु इस अंजाने पथ पर?
वादा था तेरा, की रहेगा साथ तेरा हर घड़ी हर वक्त , पर
अब तू नहीं ,नहीं तेरा साथ फिर कैसे मै बढु इस जिन्दगी के सफर
पर?

५. ईश्क

अंधेरे से हमे अब नहीं लगता डर,
ऊस डर को कही दूर छोड आये है।
वक्त वक्त की बात है,
अब अंधेरा भी हमे प्यार करने लगा है ।
कहता है , " ईश्क करने वालोंको मैं हु पसंद,
पर तुम तो रोशनी से ईश्क करने लगे हो।
मुझे भीं कभी मौक़ा दो , ऊन जज़्बातोको पुरा करु।"
डर मत लगजा गलें मैं वहीं हूँ ,
जीसके संग हो जातीं हैं दुनियाँ ईश्कियॉ।"
संग कैसे चले , हमें तो साफ़ रोशनी में
पाक मोहब्बत हैं पसंद ।

५. रोशनी

अंधेरा है बहुत कब होगा सवेरा ?अंधेरा है बहुत कब होगा सवेरा ?
ये सोच के ही रात के हर पल मै बीता रहा था ।
ना पल बीतता ना अंधेरा मिटता ।
ना पल बीतता ना अंधेरा मिटता ।
मै भी पागलों की तरह अंधेरे में
रोशनी के लिए बत्ती जलाये बैठा था ,
तभी कोई गुजरा वहा से,
बोला आंखे तो खोलो कब का हुआ सवेरा।
क्या !सवेरा हो गया ?और मै आंखे बंद करके अंधेरे को पाल रहा था?
उसने आवाज दि थी मुझको रोशनी दिखाने के लिए ,
कही आप भी तो आखे मुंदकर
इंताजर करा रहे है रोशनी का?

६. अल्फाज

सालोबाद आज अल्फाज मूड के फिरसे मेरे पास आये है।
थोडा चौके, संभालके हमे कहने लगे
"क्या बात है? फिरसे मोहब्बत रंग लाई है?"
या गम की बदरी छाई है?"
हमने कहा "क्यू भाई ऐसा कहते हो?, बस कलम बंद थी।
आज बारिश के वक्त चाय के साथ फुरसत भी आई है,
कलम खोलने मी वक्त सा लग गया,
पर दिमाग मे साहब, तुफान मचा रखा था आपने।

लिपट गए अल्फाज मेरी कलम से
उलझे रिश्तों की कहानी बूनने फिर से ।
मोहब्बत की खुशबू, जब फिरसे सांसों में समाई,
हमने फिरसे कुछ कागज की नावे बारिश मी बहाई।

"तो फिर क्यों न लिखूँ, क्यू ना तुम्ही याद करे?
अल्फाजो के साथ एक नया सफर शुरू करें?
हर बारिश की बूँद, हर चाय की चुस्की के साथ
फिर से लिखें एक शानदार एहसास अल्फाजो के हाथ ।

७. तिनका

जिंदगी कुछ इस तरह ख्वाबोमे बहती ही जा रही थी,
तभी ईक तीनके का सहारा मिला ।
तीनका था वो , समझ ही ना पाये
समझे जिंदगी का किनारा मिला।
नाराज हुए उपरवालेसे ,
क्यू उसे जिनके लिये तिनके का बहाना दिया?

हे प्रभू! जी रहे है खुश होके,
अब तो तैरना भी आता है।
पर फिर भी तीनके के सहारे के लिई कोई
बहाना मिल जाये , ये तमन्ना करते है।

८. सोचा न था !

कभी सोचा न था,
एक बगल मे सुरज ढलेगा
और उसके कांधे मेरा सर हो गा ।
ढलते सुरज की भीनी सी गंध होगी
और हमारी सुकून भरी सांसे होगी।
कभी सोचा न था
खिडकी से चाँद कमरे मे झाकेगा ,
और मेरे माथे का चांद वो सहलायेगा।
चांद का बादलो मे छुपना
और तुम्हारी उंगलीयों का मेरे घने बालो से खेलना।
कभी सोचा न था,,
कभी सोचा न था ,,
ढलती शामें, चांद चकोरी का खेल,
हम दूर होके भी हमारा ये मेल ।
कभी सोचा न था।
कभी सोचा न था

९. पलाश

पता नहीं क्यू ? पलाश के जब फूल खिलते है
तब तुम याद आते हो।
पता नहीं क्यू ?
वो केसरी चुनर ओढे पेड देखकर ,
क्यू तुम सामने आते हो?
पलाश !पूरा केसरी, डाल डाल केसरी ,
तुम्हारी संगत मे   मै भी तो केसरी होगेई थी।
तुम आने के पहले फिकी थी मै,
तुमने मुझे केसरी रंग दिया।
तुम्हारी याद , तुम्हारी दोस्ती, तुम्हार अपनापन
तुम्हार हक जताना ,ये सब याद आते ही
मै तन बदन से केसरी हो जाती हू।
तुम आये अचानक ,या आना तुम्हारा तय था शायद,
पलाश जैसा?
जिंदगी का वो लम्हा तुम्हारा था ,
पलाश जैसा?
तुम आये, तुम गये , शायद तुम ऐसे ही फिर आओगे ,
पलाश जैसे !
पता नहीं क्यू पलाश के फूल आते है , तब तुम याद आते हो।

12. तालूक

कभी तुम्हारा पलाश से ताल्लुक़ बताती हूँ ।
बस! पलाश और तुम ..... कुछ तो है दोनों में ।
फिर कुछ दिनों बाद अमलतास की बहार दिखती हैं
मैं ऊसको भी तुम्हारे साथ जोड़ने लगती हूँ ।
बस तुम और अमलतास,
अब तो अमलतास ही हो तुम।
फिर गुलमोहर में तुम दिखते हो।
कुछ दिन गुलमोहर की छाँव में
तुम्हारी छाँव में हूँ ये महसूस करती हूँ ।
अब तो बस गुलमोहर ही हो तुम मेरे।
बगिचे के मोगरे कि महक हवा में घुल गई,
और मैं तुम्हें मोगरा मान गई।
फिर रजनीगंधा में तुम, हर गुलाब में तुम,
चमेली कि बेलें लिपटी देखी तो
वो भी तुम।
समझ नहीं आता कि तुम पलास से चमेली तक कैसे पहुँचे?
एक बात ज़रूर है, कुछ भी हो तुम तो तुम हो,
और मेरेलिए हर जगह, हर वजह , हर बहाना तुम हो।....

13. असलियत

कहाँ है हम?
कितने दूर खुद से हैं ।
आवाज़ हमारी हम तक न पहुँचे,
शायद हम बहरे हो गए हैं ।
बहरे तो ठीक था मगर,
आज तो हम गुंगे भी हो चले हैं!
देखकर सब अनदेखा करके,
हम अंधे हो कर चले हैं ।
कैसे हमने ईतने मुखौटे पहने हैं?
चेहरा है या मुखौटा ये समझ ना पा रहे हैं ।
दिल में उफान सा होता है
पर उसे भी शांत कराया है ।
सारे ईंद्रियों पे क़ाबू पा कर
क्या सच में हम जी रहे हैं?????

14. नज्म

हर नज़्म में मैं हूँ मगर ,
मुझमें वो बात कहा ।
हर आख़र में तू हैं मगर
तेरा अब साथ कहाँ ।?
नज्म पुरी होतीं नहीं,
लफ़्ज़ों का साथ नहीं,
अल्फाजों कि बात करूँ क्या,
जज़्बातों की बात नहीं ।

15. फ़ुरसत के लम्हे

फ़ुरसत के लम्हों ने मुझे ढुढने कि कोशिश तो बहुत कि,
मगर कम्बख़्त वो लम्हे अपनी फ़ुरसत ही गँवा बैठे।
खोकर अपनी फ़ुरसत लम्हों ने पा ही लिया हमें ,
पर अब उनके पास ही नहीं थी देने को फ़ुरसत हमें ।
ख़ूब नाराज़ हुए, खूब रोए और चिल्लाए,
ऐ कम्बख्त ईन्सान क्या है तू , क्या है तेरी ज़िंदगी?
तेरे मारे ही हम गँवा बैठे हैं हमारे नाम में जो जी रहीं थीं
वो फ़ुरसत कि ज़िंदगी ।
जाते जाते लम्हों ने दरखास्त कि
जब कभी वक़्त मिले और याद आए
तो ज़रूर बुलाना हमें,
क्योंकी हम ही तो है वो जिन्हें कहते हैं फ़ुरसत के लम्हे।

16. सुख मे है ।

कान्हा ने पुछाँ! और सखी ! सुख में तो हो ना?
वो हँस पड़ी और हसते हंसते रो पड़ी ।
हाँ कान्हा बहुत सुख में हुं।
अब कोई छेड़ता नहीं,
ना कोई माखन चुराता है ।
सालोंसे मटकि भी नहीं टुटीं
ना हुए कपड़े गीले हैं ।
कान्हा !
बहुत सुख में हु !
ना छुपते छुपाते घर से निकलना पड़ता है,
ना ही पूनम कि रात में कोई रास रचता है ।
ना ही मन कि कोई बात बुझता है।
हाॅ कान्हा बहुत सुख में हु।
ना अब कोई कालीया यमुना में आता है,
ना तो गोवर्धन उठाने कि नौबत पाता है ।
बस सब कुशल मंगल है कान्हा ।
बस मन कि पिडा बुझता न कोई ।
तुम आए, पुछे सुख में तो हो ना!
पिडा दुर हुई कान्हा, पिडा दुर हुई।

17. ज़िंदगी

ज़िंदगी ख़्वाब है
ख़्वाब हैं ज़िंदगी ।
जो चाहा वो हुआ नहीं
जो हुआ है क्या वो चाहा था कभी?
जिंदगी राह है,
राह है ज़िंदगी ।
जो चल पड़े चलते रहे
मंजिलोंके दर तक क्या पहुँचे हैं कभी?
ज़िंदगी आस है,
आस है ज़िंदगी ।
जिन्हे थीं आस ज़िंदगी से
क्या ज़िंदगी को आस है उनकी ?
ज़िंदगी सवाल है,
सवाल है ज़िंदगी ।
हर सवाल का जवाब है ज़िंदगी ।
हॉ हो या ना हो, जवाब पाना है सभीको कभी ना कभी ।

18. मोड़

पता है तुम्हें?
जिस मोड़ पर तुम गए थे ,
मैं आज भी उसी मोड़ पर खड़ी हूँ ।
वसंत में पीली चादर मैं ओढ़ी थीं वहीं,
ग्रींष्म की उष्मा सही थी वही।
वर्षा आई भीगो गई तन मन उसी मोड़ पर ।
शरद की चाँदनी माथे पर सजाई,
हेमंत ने मुझे फिर तुम्हारी याद दिलाई ।
शिशिर आया तो ठिठुरसी गई मै ,
उसी मोड़ पर उसने बसंत आएगा ये याद दिलाई।
बसंत आएगा, नए पत्ते आएँगे शाख़ों पर
और तुम भी आओगे ना ,मिलने मुझसे
उसी मोड़ पर ?
नाराज़ नहीं हूँ तुम पर के तुम मोड़ पर छोड़ गए।
ये मोड़ बड़ा सुहाना है, जो तुम्हारे साथ ज़िंदगी में आया।
ये अंधियारी गली नहीं जो काले पने अँधेरें में ख़त्म हो।
ये वो मोड़ है जींस पर तुम बसंत के साथ फिर आओगे।
तुम जाने पर मैं आज भी उसी मोड़ पर खड़ी हूँ ।
तुम्हारी यादों में खुश बड़ी हूँ ।

19. दिवानी

दिवाने ने कहा ए हसीना !
ता उमर साथ देना।
हंसके कहा हसीना ने
हो सके तो दिवानी बना दो,
फिर ये दिवानी ,
सात जनम रहेगी तुम्हारी ।
हसीना तो पलभर कि है
पलभर कि है जवानी।
मैं तो चाहूँ
दिवानी कहलाउ तेरी।
जन्मो जन्मों का साथ

20. ढलतीं दोपहरे

एक दिन बहुत अरसे बाद वो मिला
बात शुरू कैसे करूँ यें सोचके, पुछ पडा
क्या वो दिन तुम्हें याद है?
"कौनसा दिन? कहीं तुम ढलतीं दोपहरें तो नहीं पुँछ रहे?
जब हम मिलते,
मिठास कॉफी कि चुस्की लेते बातें करते।
फिर तुम मुझे नज़र भर देखते ।
फ़ालतू से जोंक पर ठहाके लगा के हंसते ।
वो तुम्हारा ज़ोर ज़ोर से ठहाके लगा के हँसना,
मुझे अच्छेसे याद है ।
तुम्हारी कॉफी काफ़ी मीठी है अगली बार से नहीं पीयूंगी
ये सुनके तुम्हारा नाराज़ होना भी याद है
वो हमारी ढेर सारी बातें,
वो गानों कि list , गा ने सुनना
और कुछ क़िस्से अगली मुलाक़ातों के लिए रखना,
मुझे याद है ।
वो तुम्हारा हाथ मेरे हाथों में थामें रखना।
उन ढलतीं दोपहरों में तुम्हारी नेकी, तुम्हारी दोस्ती
तुम्हारी सलाह, तुम्हारी डॉंट , तुम्हारे ईश्क के साथ

सब कुछ मुझे याद है ।
बस अब तुम बताओ तुम किस दिन कि बात याद दिलाना चाहते हो?

21. अलविदा

कुछ कहने के लिए लफ़्ज़ नहीं थे।
पर कहना था कुछ।
कुछ वक़्त बिताने उसके साथ गया था
वक्त नहीं था उसके पास ।
शायद
शायद जो कहना था
वो "अलविदा " था,
जो लबों पर आकर रुक रहाँ था ।
ना कुछ कहे सुने वक़्त बितता चला था।
वो तो मशरुफ। था,
मेरे ईर्दगिर्द होने का एहसास शायद उसे कम था।
और ईस एहसास में मेरा दिल थम सा गया था ।
बिना कुछ कहे मैं निकल पड़ा,
और जो कहना था वो मेरे साथ ही चल पड़ा ।
वक्त बीता कैसे या बिता ही नहीं,
आज किसी से सुना.....
वक्त उसका ठहरा है आज भी वहीं ।
तेरे होने का एहसास उसे तब भी था आज भी है ।

बस तेरे लबोंसे “ अलविदा”
सुनना नहीं चाहता वो कभी ।२